내 젊음 아는 당신

이환규 시집

시음사
시사랑음악사랑

QR코드 스마트폰으로 QR 코드를 스캔하면
시낭송, 시노래를 감상할 수 있습니다

제목 : 남자의 계절
시낭송 : 박영애

제목 : 돌아오지 않는 추억
시낭송 : 박영애

제목 : 내 젊음 아는 당신
(시노래)

제목 : 할머니의 자리
시낭송 : 조한직

제목 : 구름아 너는
(시노래)

제목 : 소나무
시낭송 : 임숙희

제목 : 너를 보내고
(시노래)

제목 : 당신과 함께
시낭송 : 최명자

제목 : 잊혀진 기억
시낭송 : 박영애

제목 : 흔들리는 세상
시낭송 : 조한직

제목 : 눈 내리는 풍경
시낭송 : 박영애

제목 : 연리지 부부
시낭송 : 박영애

제목 : 요양원 면회
시낭송 : 박영애

제목 : 제천에 가면
시낭송 : 박영애

제목 : 어머니의 밥
시낭송 : 박영애

제목 : 오월의 약속
시낭송 : 박영애

영상은 YouTube 정책 또는 운영 관리에 따라 삭제될 수도 있습니다.

시인은 자연을 이야기하고 시낭송가는 자연을 품었다
글자는 날개를 달아 언어로 날고 소리는 자연에 눕는다

시인의 말

시간이 흐르면
저마다 살아온 얼굴에 흔적을 남기며
많은 이야기를 전해줍니다

세상은 숨은 보물 찾아주기를 바라듯
숨바꼭질하며 달려가고
하늘은 흐리다고 비를 내리지 않지만
희망을 감추고 있습니다

우리가 나이 들어감을 막아내지는 못하지만
멋있고 기풍 있게 스며들어 갈 수 있지 않을까요?
구름을 걷어내면 찬란한 태양이 있듯이….

글을 쓴다는 것은 벌거숭이처럼
생각과 속살을 보여주는 것이기에
참으로 조심스럽습니다.

시인 이환규

 목차

남자의 계절 8	일번가의 추억 25
곰배령 10	인생 꽃 26
첫인사 11	고양이 27
어머니의 시선 12	음악다방의 DJ 28
동행 13	도원(桃源)으로 갈까? 29
하늘 칸타타 14	평소에 잘하지 30
속삭임 15	날개가 있다면 31
햇살 16	산불 32
권력 17	가을의 끝에서 33
돌아오지 않는 추억 18	재건축 일상 34
광란의 여름 19	야생화 35
휴게소 20	풍금 소리 36
별이 잠든 호수 21	순백의 물 37
하얀 도시 22	슬리퍼와 구두 38
빛과 그림자 23	연습 39
늑대의 손 24	오월의 아픔이 40

가을을 기다리며 41	일조권 58
저녁노을 42	풍란(風蘭) 60
비상대기 43	시간의 의미 61
가을비에 젖어 44	새벽을 깨운다 62
내 젊음 아는 당신 45	사랑과 욕망 63
비극 46	오늘을 사는 사람들 64
할머니의 자리 48	전등사 65
시간여행 49	처음 가는 길 66
명절은 없다 50	교동도 67
가을의 노래 51	잃어버린 동심 68
아저씨로 살기 52	구름아 너는 69
허상(虛像) 53	아내의 손길 70
깨달음 54	익숙함이 좋다 72
혼자 가는 길 55	소나무 74
버스 정류장 56	동장군 75
가을 동화 57	산다는 것이 76

 목차

덕유산 77	새벽길 95
고목 나무 78	웃음꽃 96
이유 79	물오리 97
우도 80	침묵의 시간 98
너를 보내고 81	선물 99
당신과 함께 82	첫날 100
가난한 명절 83	잊혀진 기억 101
이른 봄 84	잠복 102
여행 85	새 하늘 103
어머니의 흰머리 86	낯선 얼굴 104
참꽃 88	불볕더위 105
능수버들 89	갈망 106
풍경소리 90	새치기 107
빼앗긴 시간 91	퇴근길 벗 108
나쁜 놈 92	둥지를 떠난 새 109
둘이 걷는 길 94	단풍 110

한 잔의 술	111	하루	128
흔들리는 세상	112	꿈 깨세요	129
그림자 추적	113	얼음 땡	130
요양원 가던 날	114	세상이 시끄러워	131
하루의 무게	115	고독한 사랑	132
찻잔의 떨림	116	흩어진 영혼	133
눈 내리는 풍경	117	각자도생	134
황금빛 해변	118	마당놀이	135
연리지 부부	119	여백의 눈물	136
요양원 면회	120	급행열차	137
봄 길을 걸으며	121	다시 미래로	138
제천에 가면	122	그날	140
내일을 향해	124	시간에 갇히다	141
어머니의 밥	125	그림 같은 봄	142
향기	126	이제는 없다	143
오월의 약속	127		

남자의 계절

고추잠자리는 꿈을 꾸며
창공을 날아다니고

뭉실한 솜구름
하얀 섬 되어 흘러가네

꿈꾸듯 살아오다
세상으로 돌아온 남자는
두 팔 벌려 하늘을 안아본다

모든 것이 빈손이었다고

쏟아지는 금빛 햇살에 목욕을 하고
까칠한 수염은 남겨 놓는다

고독한 술잔 앞에 두고
불러보는 옛노래

술 한 방울 목구멍에 녹아내려
따뜻하게 위로해 주는데

구름을 지워버린
텅 빈 하늘은 높고 멀어져
어느새 남자를 닮아가고 있다

제목 : 남자의 계절
시낭송 : 박영애
스마트폰으로 QR 코드를 스캔하면
시낭송을 감상할 수 있습니다

곰배령

바람골에 들어서니
숲속 찬바람이 얼굴을 비켜간다
어제는 새싹 움트더니
오늘은 그늘을 내놓았네

저길 오르면 맞닿은 곳
내가 짊어지고 가는 삶의 무게

그 무게를 내려놓을 수 없어
오뚜기는 지쳤지만
한고비 한고비를 넘기면서
곰배령 정상에 오른다.

첫인사

어머님 처음 인사하던 날
너희들은 어쩜 그리 많이 닮았니? 하신다

인연이 되려다 보니
어느새 닮아가고 있었나 보다

첫인사 첫인상
인연을 결정짓는 중요한 순간이다

각자의 개성은 잠시 뒤로 숨겨놓자
매번 결정해야 하는 순간이 있으니

어머니의 시선

흐릿한 시선 허공에 머물고
목석같이 앉아 있는 모습
옛 기억 더듬는가?

육 남매 장성시켜 품에서 떼어내니
팔순의 등허리는 지팡이가 받쳐주고
마음은 굴뚝인데 따라주지 않는 몸

온종일 떼지 못한 입
아들 손주 말 붙이니
생각은 머릿속에 맴돌아
그리움만 더해가네

동행

어둠이 그림자 되어
등을 떠밀 때
새연교 귀퉁이 초라한 찻집

아내와 손잡고 자리 잡은
낡은 찻집의 나무 탁자

흔들리는 촛불 앞에
쑥스러운 듯 마주 보며
두 손을 모았다

젊은 날의 모습 서로 간직하고
함께한 소박한 시간

지난 시절은 잊혀가도
시간은 나이만큼 추억이 된다.

햇살

현란한 비행술

금빛 화살을 쏘아

만물을 살린다.

권력

발등을 찍혀봐야
아픈 줄 알까?

양심의 판단에 맡길 수 있을까?
부와 명성 이것도 권력의 힘인데

힘을 갖기는 하늘의 별
힘을 놓치면 천 길 낭떠러지

손아귀에 들어온 힘을
놓치고 싶지 않은 것이 본성인 것을

돌아오지 않는 추억

나 어릴 적 산골 마을은
겸재 선생 산수화 펼쳐 놓은 듯
높은 산 깊은 계곡 물소리 찰랑한
백운산 오지 대방마을

신작로 닦아 자갈 깔고
밀가루 수제비 끼니를 때우며
산판 나무 베어 숯 구워 내다 파는
군불 지핀 아랫목은 정겹기만 하다

경계 없이 쌓아 올린 낮은 담벼락에
강남에서 이사 온 호박 텃세 부리고
마실 나온 산바람 숲속 얘기 전할 때
텃밭 애기 오이 바람에 그네 탄다

볏짚 엮은 초가지붕 걷어내면
셋방 살던 굼벵이 아우성치고
뒤뜰 신방 차린 땡감 새색시는
홍시 되어 부끄러워하네!

제목 : 돌아오지 않는 추억
시낭송 : 박영애
스마트폰으로 QR 코드를 스캔하면
시낭송을 감상할 수 있습니다

광란의 여름

시계를 보지 않아도 시간은 흘러가듯
뜨거운 태양은 마지막 청춘을 불사른다

이리저리 흔들리는 구름은
태양을 가리지 못하고 흩어진다

언제나 오늘이 마지막인 것처럼
불사르는 저 태양은 항상 제자리인데

붉은 장미는 시들고 떨어져
성난 가시만 남겼다

물망울 머금은 능소화는 담장에 기대어
님 그리워 울며 서 있고

아스팔트는 이글거려 아지랑이 피어올라
현기증이 난다

짧아진 그림자는
그늘을 만들 수 없고
가을을 그리워한다.

휴게소

여행길
고단함을 풀 수 있는 휴게소
차에서 내려 각자 잰걸음으로
남녀의 갈림길로 걸어간다

아~이럴 수가
이게 뭐라고
줄이 길다

여기저기서
각자의 표정도 미묘하다
속으로 욕하는 소리도 들린다

하지만
누군가는 고요 속의 비명을 지르며
세상에서 가장 시원한 곳에 앉아
행복한 시간을 보내고 있겠지
조금만 기다리세요.

별이 잠든 호수

고요히 물안개 풀어놓고
호수 품은 바라산
한가한 오리배는 연인을 유혹하고
물에 비친 산봉우리 숨 가쁘게 차오른다

낮잠에 깊어진 잔잔한 호수는
은빛 햇살 파편으로 무대를 꾸미고
살랑이는 바람에 머물던 물결은
연인들 속삭임으로 노 젓는다

바라산 솔바람 배낭에 담아
추억을 노래하는 카페에 뿌리고
뚝방길 거니는 바람에 취한 나는
낭만 커피 한잔을 마신다

추억이 된 네온사인 야경에
멀어진 기억 불러내면
별이 잠든 호수에
잃어버린 사랑 찾아든다.

하얀 도시

빗속에 갇힌 하얀 도시
뿜어내던 열기를 식히고
빗물로 세수를 한다

차창 열어 손을 내밀면
시원한 바람 그리고 빗방울
이슬처럼 손위에 내려앉는다

하루의 피곤을 싣고 가는 길
빗줄기 걷어내는 와이퍼와 같이
그렇게 장막을 걷은 도시는
해갈의 기쁨을 만끽하고
이 밤이 지나면 하얗게 맑아지겠지

빛과 그림자

빛과 달리기를 했다
처음엔 내가 앞섰다

내 뒤를 달려온 빛이
등을 툭 친다

하지만 넓은 등이
비켜주지 않는다

빛이 앞서가려고
힘을 발산하며 옷을 벗겨내자

분신인 그림자가
옆으로 툭 튀어나왔다.

늑대의 손

비 오는 날이면
새까만 밤이
칠판에 분필 흐르듯 흘러내린다

온달의 화살 같은 비는
까만 틈새를 비집고
어둠으로 내리꽂는다

마치 어둠의 신이
심판하듯이

거리에는
군상들이 미친 듯이 헤매고
널브러져 알 수 없는 몸짓을 한다

어둠을 틈타 어린양을 노리는 늑대는
현실에도 존재하기에

세상의 끝에 한 가닥 희망을 걸어 놓고
이 밤을 지켜본다.

일번가의 추억

수리산 관모봉 아래로 펼쳐진 치맛자락에
도심의 불빛이 매달려 있다

무거운 밤공기에 숨은 헐떡이고
젊음은 식을 줄 모르는데

숲속 찬 바람에
더위는 주춤거린다

산자락 골 안마다 배움의 터전 자리하고
해를 넘긴 슬기 봉은 서해를 바라본다

옛골 주점 들판 분수다방 일번가의 추억
젊음의 열정에 스러지는 낭만의 거리

안양천 쌍 개울 맑은 물이 발목을 잡아끄는
일번가의 추억이 꿈을 꾼다.

인생 꽃

1년에 한 번
화려한 날을 보내던 활짝 핀 꽃
어둠을 헤집고
화살같이 쏘아대는 빗줄기에
온몸으로 저항하다 스러진다

그러나 비는 그치고
여명의 간절한 미소는
아침 햇살에 이르고

새 생명의 싹은
다시 어제의 전설로 되살아나
활짝 꽃망울을 터뜨린다.

고양이

밥그릇에 머리 박고
통조림 한 통 뚝딱 해치운다

배는 불룩하게 새끼를 가졌는데
몸은 역시 날렵하다

새끼를 위해 고분고분해졌나?
통조림을 잘도 받아먹는다

도도하기 그지없고
집사를 무시하는 고양이

애교 몸짓 한 번에 홀라당 넘어가게 하고
새침하게 유유히 산책 나간다.

음악다방의 DJ

나팔바지에 도끼빗 뒷주머니에 꽂고
흘러내린 긴 머리 손으로 걷어 올리며
카세트테이프 수십 번 돌려 한글로
적어 외운 팝송 가사

신청곡 적어 뮤직박스에 넣어주면
느끼하게 읽어주던 음악다방의 DJ

빼곡하게 꽂혀 있던 레코드판
틴테이블에 엘피판을 올려놓으면
뜻 모를 경쾌한 팝송에 취한 듯 빠졌다

추억의 팝송을 들으며
장래의 꿈이 되었던 뮤지션과 DJ

비 오는 날
따듯한 차 한 잔 앞에 두고
아날로그 팝송을 듣던 시절로 돌아간다.

도원(桃源)으로 갈까?

불볕더위에 헐떡이는 아스팔트
거리는 인상 찌푸리고
연거푸 짠내 나는 땀을 닦아낸다

나무도 더위에 지쳐
이파리 늘어뜨리고
그늘을 내주지 않는다

햇살 가득한 하늘은
목마른 숨통을 조이고
그늘 없는 구름은 나그네인가?

올여름 어쩌면 좋을까?
뒤뜰 감나무는 등 돌리는데
복숭아꽃 피는 도원으로 갈까나

평소에 잘하지

거리엔 넘치는 현수막
출근길 대로에는
한 표를 구걸하는 조아림

잘 부탁합니다

평소에 잘하지
꼭 때만 되면 머리 숙여

날개가 있다면

치열한 삶의 현장에서는
34도의 뜨거움에도 쉬지 못한다

오늘이 없으면 내일도 없기 때문이다

머리엔 하얀 안전모 쓰고
조끼와 허리띠는 삶의 무게만큼 연장을 담는다

비계에 발을 딛고 온몸을 맡긴다
실수하여 미끄러지면 오늘은 없다

바람 없는 건물에서 옷깃이 날리며 웅성거린다
아! 발을 헛디뎠구나

한 치 앞을 볼 수 없는 희망

어린 자식 눈에 밟혔을 것이다
오늘을 살아남아야 내일이 있기에

누구에게나 공평하게 주어진 삶인 것인데
돌아서 외면하지 말자

산불

삼성산
삼막사를 지나 돌계단을 오르면
두 갈림길 상불암

그 계곡 수목원 골짜기에
하얀 머리 풀어 헤치고
소복 입은 연기 올라간다

잠자리 하늘을 날아
아랫배 열어 속을 비워내니
시원한 물줄기에 정신이 든다

구름도 쉬지 못하는 산등성에
화풀이했나 보다.

가을의 끝에서

당신이 지낸 오늘
하루해는 짧아지고

당신이 잠든 밤은
길어져 서리가 내렸네요

들녘에 풍성했던 곡식도
가을걷이가 시작되었고요

지난밤도 세상은 마지막인 듯
아우성치고 제정신이 아니었는데

새벽은 여지없이
희미하게 밝아 오네요

이렇게
시간이 흐르고 있네요

이제 짧아진 해만큼
입동(立冬)에 들겠지요

서늘한 바람에
몸은 더 작아집니다.

재건축 일상

바쁘게 움직인다
해, 바람, 구름, 사람들
어디론가 가고 있다

오늘을 살아내는 삶의 일터로
꿈을 키우는 학교로 가고 있다

저마다
맹렬히 뿜어내는 화염을 등에 업고
세상 바다에 뛰어들고 있다

인파가 있는 곳에는 연설이
공사 중인 현장에는 날림 먼지로 못 살겠으니
피해보상을 하란다

그들이 사는 곳도
누군가에게 피해를 주며
지어졌건만

이기적으로 살지 말자
베푸는 삶이 남는 것인데
상처를 주지 말자.

야생화

길가에 핀 야생화
너를 닮았구나
검은손 피해 쉼터를 떠돌 때
몸을 간지럽히는 거친 손길
너를 꺾어 풀숲에 던졌어도
버려진 너의 순결한 아름다움은
세상에 기억으로 남으리
가져서는 안 될 것이 있는데.

풍금 소리

하늘에 오선지를 그리고
내 맘속의 음표를 그린다

흰 구름은 관객이 되었고
새 지저귐은 합창이었다

가늘게 지나가는 바람은
휘파람 불며 장단 맞추고

지휘자 없는 풍금 소리에
토닥토닥 소나기 내린다.

순백의 물

푸른 구름 속에 알알이 맺힌 이슬
목마른 대지에는 생명의 물이고
비바람에는 재앙의 물이다

하늘이 준 신의 선물
어머니의 젖줄 같은 물

여름엔 불볕더위를 식혀주고
겨울엔 눈꽃 송이 뿌려주는 순백의 물

사랑에 흘리는 눈물
산소와 같은 물

꽃잎에 맺힌 이슬도 물이며
슬픔에 흘린 눈물도 물이다

기쁨에 흘린 눈물에는 단내가 난다.

슬리퍼와 구두

가로수가 멋진 오일장 이십 리 길 걸어
새로 산 기차표 검정 고무신을 신고

울퉁불퉁한 자갈밭 길을 걸으면
발뒤꿈치가 까져 피가 흐른다

운동화는 구경을 해보질 못했으니
어린 눈에 고무신이 좋은 줄 알았다

학교에서 신발이 닳을까 양손에 들고
맨발로 걸어서 집으로 왔다

고리타분한 옛날 생각이 왜 떠오를까?

새로 산 구두를 처음으로 신고
음식점 신발장 한쪽에 잘 벗어두었는데
누군가 내 발 크기와 맞았나 보다

임자를 찾는 슬리퍼 한 짝이 덩그러니 남아
내 것인 양 끌고 왔다.

연습

당신이 편하다고
가볍게 여기지 않았으면 좋겠습니다

그러면
다른 사람도 나를 가볍게 여기니까요

친구들과 여행을 가서라도
전화 한 통 해 주면 좋겠습니다

그러면
내 친구들이 "너 잘살았다"라고
말해 줄 수 있으니까요

내가 전화를 할 때 잘 받아 주었으면
좋겠습니다
존재감이 필요할 수도 있으니까요

나는 당신이 어디를 가서 전화하면
안심이 됩니다

당연한 것도 연습하지 않으면
그렇지 못할 때가 있으니까요

오월의 아픔이

집 앞 뜰에는 동백꽃 피어 웃고 있는데
대학병원 입원실은 앓는 이들로 아우성이다

남의 일은 빈틈없이 잘만 처리했는데
내 일은 눈앞에 닥치고 보니 어수룩하네

몇 날을 아내 곁에 있다 간병인 두고 나오려니
발걸음이 떼어지지 않는다

힘든 세월 대나무같이 버텨왔는데
차라리 내가 아픈 게 낫지

종종걸음 누비던 집안 곳곳에
흔들리는 시선은 쫓아만 간다

창문 너머에서는 활짝 핀 동백이 집안일 잘하라고
한 수 가르쳐 주려는 듯 고개 숙여 들여다본다.

가을을 기다리며

그리움에 하늘도 메말랐는데
오늘은 찔끔 흘린 눈물이
소나기 되어 내립니다

도시는 열기에 광란하고
드러난 피부 까맣게 태우는데
가을을 기다리나요

달빛 차갑지 않으니 소슬한 바람은
아직 멀리 있는 듯합니다.

저녁노을

서쪽 하늘 걸려 있는 붉은 석양
하루해가 짧다 하며 머무는데

어둠 끌고 달려오는 하얀 달이
한 하늘에서 볼 수 없다며 밀어낸다

노을아
북 십자성 뜨기 전에 이제 그만 돌아가자

비상대기

숨 가쁘게 오다 보니 잊고 살았다
내 삶의 의미를

푸른 산은 길을 내주는데
오르려는 이유 묻지를 않네

잊혀진 시간은 서글퍼지고
돌아선 베갯잇에 눈물 고일 때
새근대는 소리에 한숨 돌린다

눕는다고 잠든 것이 아닌데
주마등처럼 지나가는 옛 영상들이
전화벨 소리에 눈을 뜬다

누군가는 깨어 있고 잠 못 드는 밤
어두운 밤 가로지르는 별빛을 쫓다가
새벽의 끝을 잡는다.

가을비에 젖어

바람에 밀려난 구름
내 머물던 자리인데
구름 밀려나니
하늘이 열리네

구름 위에 하늘 있고
하늘 아래 구름 있네
내가 구름 되어 떠다니니
무엇인들 부러우랴?

이제 한바탕 놀아야 하나?
바다와 강으로
사랑과 이별을 보낸 가슴
가을비에 살포시 젖는다.

내 젊음 아는 당신

친구처럼 살며시 다가왔는데
그때는 몰랐네 우리의 미래를
느낌이 변하는 능력을

언제부터 나를 생각한 거야
인생의 동반자로 나를 콕 찍었네

얼굴만 봐도
나를 너무 잘 알아

내가 궁금한 거니
얼마나 생각한 거야

나를 아는 당신 너무 잘 알아
처음부터 내 사랑이었나

살아 보니 알겠지 내가 최고라는 거
내 젊음 아는 당신

제목 : 내 젊음 아는 당신
스마트폰으로 QR 코드를 스캔하면
시노래를 감상할 수 있습니다

비극

안녕하세요
상담 좀 하러 왔는데요
깔끔하게 차려입고 인사를 한다.

얘기를 들어보니
일에 불만을 품은 민원인이었다
물 좀 마실게요 라며 정수기 앞에 선다.
미리 준비한 병을 꺼내어 마셨다
순간 음산한 냄새가 확 풍겼다.

영사기 필름처럼 돌아가는 생각들
수많은 일을 해봤지만 황당하다
119 전화를 하고
그마저 기다릴 시간이 없다.
응급실 도착하여 위세척을 한다.

다른 방법이 있었을 텐데
복잡한 머릿속을 헤아려 보아도 그의 속을
알 수가 없다

사람보다 무서운 존재는 없다고 한다
무서운 존재로 살지 말자
떠난다고 남겨진 사람의 고통이 없어지지
않는다.

할머니의 자리

할머니는 손주들과 등교를 같이 했다
안전하게 잘 다닐 수 있을 때까지
늘 마중을 나가셨다

애지중지 귀하기도 한 손주들
가볍지 않은 가방을 들어주며
손을 잡고 오는 것이 즐거움이었다

손주들은 청년이 되었고
받은 사랑은 기억의 저편으로 잊혀져
힘없는 늙은이의 설움만 남겨 두었다

꼿꼿한 허리는 반으로 접히고
하얀 피부 백발의 머리카락은
곱게 늙어 할미꽃이 되었다

슬픈 추억의 꽃말을 가진 할미꽃
봄 양지바른 무덤가에 자주색 꽃잎 물고
하얀 털 보송하게 핀 할미꽃

아들의 아들은 성인이 되었고
할머니의 그 자리는 아들이 물려 받았다.

제목 : 할머니의 자리
시낭송 : 조한직
스마트폰으로 QR 코드를 스캔하면
시낭송을 감상할 수 있습니다

시간여행

희미한 그림자에 기적소리 멀어지고
바람을 등진 기차는 정처 없는 여행을 떠난다
철커덕거리던 레일 위 고단했던 여정
도시를 떠난 기차는 가을을 달린다

메마른 빌딩 숲엔 바람이 불고
밀려왔다 떠나가는 광란의 도시
계절은 창밖에서 옷을 갈아입는데
형형색색 가을이 익어간다

흩어진 시간 다시 줍지 못하고
갈증으로 텅 빈 가슴 채울 수 없듯
바람 부는 도시는 시름시름 앓다가
발끝에 차여 뒹굴어진다

푸른 하늘을 유영하는 구름과
그침 없이 살아가는 내 인생이
가녀린 숨결 지탱하는 마지막 잎새처럼
한줄기 비에 목을 축이고 긴 여행길
홀로 떠나간다.

명절은 없다

팔월 보름이 다가오는데
하늘엔 달이 커져만 간다
곧 보름달이 되겠지

달 밝은 하늘 하나둘 드문 별
별들은 어둠에 숨었을까?
보이지 않는다

어두운 도로 빨강 신호등
하얗게 빛나는 가로등
눈이 부시다

귀성길 떠난 인적없는 도시의 밤
발로 뛰는 민중의 지팡이에게
달빛 가득한 명절은 없다.

가을의 노래

따사로운 햇볕에 흔들리는 코스모스
가을 남자의 마음 훔치려는 몸짓

한 번쯤 잊혀진 추억이 꿈틀대는 계절
지나간 애기꽃을 피울 수 있는 것은
가을에 추억을 많이 쌓아서일까?

옷 틈새로 파고드는 찬바람을
누군가 감싸줄 때가 되었나 보다

여기저기 가을바람이 빚어 놓은 풍경
계절의 멋으로 남는다.

아저씨로 살기

심산유곡(深山幽谷) 하얀 바위틈 휘돌아
막힘없이 흐르는 물처럼

세상에 욕심 품지 말고
석 자 이름 남기려고 선한 자 밟지 말며

자신에게 부끄럽지 않게 사는 삶과
당당함으로 우뚝 서 있는 모습

간계(奸計)를 부리지 않는 정의(正義)로
칭찬. 격려. 경청하고

이기려고 논쟁하지 않으며
인자한 모습의 아저씨로 살아야겠다

허상(虛像)

떠난 님 기다리듯 애타게
기다리던 때가 있었다

불볕더위에 한줄기 비를 소원하고
장마 때가 되어도 오지 않던 비

흐리고 비 오는 날 개울은 넘치고
바라지 않던 태풍은 몇 번째인지

곡식 익어 거둬들일 가을녘에
시름으로 보내는 농부의 마음을 알까?

빗방울을 온몸으로 받아내는
길가에 고개 숙인 코스모스의 서러움

향 짙어가는 모과 떨어져 생채기 나고
빗물이 그리는 창밖의 풍경은 허상으로 남는다

깨달음

이슬처럼 왔다 흔적 없이 사라지는 인생
일찍이 사물의 이치를 알 수 있었다면
사랑과 축복으로 넘쳐 났을 것이다

삶의 이유를 알 수 있다면
좀 더 의미 있게 살 수 있을 것이다

어떤 어른이 되어야 하고
어떤 남편이 되었어야 하며
어떤 아버지가 되어야 하는지

인생 오십을 넘겨도
하늘의 뜻을 알지도 깨우치지도 못했다

가을볕 따가운데
건설 현장마다 단결 투쟁
끝없는 시간 다툼을 한다

가을은 풍성한 수확을 거두고
약속으로 섭리를 일깨우는데
우매한 사람은 일상을 속이며
인생을 흘려보낸다.

혼자 가는 길

구름이 해를 가리니
바람이 밀어내고

걷는 길섶 옆으로
흐르는 개울
찬바람 일어나 옷깃 여민다

밟히는 나뭇잎은 낙엽 되어
바스락 소리 내고

구름 틈에 잠시 나온 해는
세상을 밝혀준다.

버스 정류장

따뜻한 햇볕에 들꽃 향기 머금고
나뒹구는 갈바람

찬 서리 숨기고 달려와
꽃잎 하나 떨구네

정류장 전광판에 새겨진 시간
삶에 지쳐 기다리는 사람들

버스는 정류장에 잠시 머물다가
지친 영혼들을 실어 나른다.

가을 동화

봄은 남쪽 제주에서 시작되고
가을은 설악에서 내려오나 보다

파릇하게 새싹 돋아 온산 초록으로 물들이며
산으로 불러 모아 수를 놓더니

어느새
오색의 물감을 겹겹이 풀어놓고
잠시도 떠날 수 없게 곁에 두려고 한다

설악에서 내장산을 거쳐 한라까지
붓으로 갈바람을 휘두르며
한 폭의 멋진 수채화를 그려 놓았다

절정기에 이르면
즐거운 비명 속에 밟힌 산(山)은 아파한다

아름다움이 땅에 떨어져 바스락대며
부서져도 화려한 날을 기억해 주겠지!
그렇게 단풍은 기억 속으로 사라진다.

일조권

이른 새벽 얼굴을 스치는 찬 바람이
춥다는 느낌보다 깨끗하다

밤새 어둠을 견디던 홍시는
이슬을 먹고 매달려 있다

여름내 신경이 쓰이게 했던 잎 넓은 나무
호박 같은 잎이 창밖의 햇빛을 가리고
열매가 차 지붕으로 떨어지면 움푹 들어갔다

바람 부는 날 운치는 있어도 위험이 도사린다
머리로 떨어지면 돌덩이가 되기에
잎 넓은 나무를 베어 일조권을 돌려주고
피해를 줄여달라고 했다

찬반 투표
집안이 안 보여 좋다는 반대자도 있어
가지를 치기로 하기로 했다

한여름 좋은 그늘이 될 수도 있었지만
그로 인해 햇빛을 안 보고 살 수는 없다

서로 양보하여 피해도 줄이고
나무도 살아남았다.

풍란(風蘭)

낙엽에 실려 가는 가을
바람 불어 나부낀다

옥빛 돌 쟁반에 이끼 깔고
작은 바위 위에 앉은 석부작(石附作)

하얀 머리 풀어 헤친 뿌리는
바위를 휘감아 내린다

모진 풍파 바위에 착생하여
비와 습기 먹고 자라 강인하다

은은한 감향 꽃 피우기 위해
햇빛 좋은 창가에서 휴면에 든다

잎이 넓고 바람을 좋아하는
대엽풍란(大葉風蘭)

가을을 보내는 흐릿한 눈 안에
한가득 담아본다.

시간의 의미

청명한 하늘은
늘 그 자리에 있고

구름은 흘러가도
하늘은 그대로이다

흩뿌린 바람에
가을은 잎새를 떨구고
한해를 마감한다

오래도록 달려온 시간은
우리의 모습을 바꾸어 놓았고

그 형체를 보여주지 않으면서
우리의 삶에 깊이 관여했다

시간에 의미를 부여하면
기억은 멀리서 떠오르고

옛 생각에
까만 밤을 그대로 잡아놓는다

새벽을 깨운다

어둠을 헤치며 달려온 지하철1호선
안양역 승강장의 새벽을 깨운다

지난밤 비와 추위를 피해 들어온 노숙자
출근길 재촉하는 인파에 자리를 내어주고
움츠린 어깨 흐느적거리며 사라진다

구름에 흐려진 하늘
잠에서 덜 깬 어둠을 비추는 가로등
자동차 불빛에 밤의 장막이 걷힌다

새벽 장사를 마감하는 분주한 유흥가
취객으로 몸살을 앓던 도시의 밤이
깨어난다

누군가는 일을 마치고 집으로
누군가는 하루를 살아내기 위한
직장으로 분주한 발길을

길가에 뒹굴던 빛바랜 은행잎은 비에 젖어
미화원의 손길을 기다리고
오고 가는 사람들의 길동무가 된다.

사랑과 욕망

사랑이 가득한 세상은
미움이 없기 때문이며

감동이 있는 세상은
풍요로움이 가득하기 때문이다

사랑은 자신을 내어주는 것이며
욕망은 타인의 것을 빼앗는 것이다

더 가지려는 욕망이 꿈틀거려도
비워낼 줄 알아야 한다

사랑을 위한 사랑은 독이 될 수 있기에
자아를 잃어서는 안 되겠다.

오늘을 사는 사람들

어둠이 가시지 않은 새벽 5시
하나둘 등이 켜지고
세상도 불을 밝힌다.

작업복에 마스크 두툼한 파카
머리에 빨간 띠 질끈 묶고
삼삼오오 모여든다

아파트 신축공사 현장
출근을 저지하기 위한
요즈음 볼 수 있는 진풍경이다

깃발에는 단결, 투쟁, 쟁취
확성기에서는 민중가요가
쉴 새 없이 터져 나온다

찢어질 듯한 굉음 소리는
공사 현장의 쇠꼬챙이에 찔리듯
새벽공기를 가른다

멀리 동쪽 하늘에서는
산기슭을 붉게 물들이며
오늘이 어김없이 밝아온다.

전등사

삼랑성 남문 종해루 오르면
은행나무 고목 되어 굽어본다

산사 곳곳에 흔들리는 바람
속세의 발걸음 멈추게 하고

모진 세파 견뎌온 단풍나무
아기단풍 핏빛으로 물들였다.

처음 가는 길

처음 가는 길이 멀게 느껴졌다면
돌아오는 길은 멀지 않으리

길이 멀게 느껴지는 것은
가보지 않은 낯설음 때문이고

돌아오는 길은 이미 알고 있기에
멀지 않게 느낀다.

교동도

강화도 북단 섬 교동도에 이르면
옛 모습 간직한 추억의 대룡 시장
나그네를 맞이한다

피난민의 생계로 꾸려진 골목 시장에는
옛 정취 느끼려는 발길이 끊이지 않는다

거리의 벽화에 그려진 로마의 휴일
고교얄개 삼천리는 초만원 한 가정 한 아이
교동 극장 포스터

나지막한 처마 밑 교동 다방 문 열면
귀에 익은 노래 기억을 들춰내고

노른자 동동 띄운 진한 쌍화차 한잔에
허기를 밀어낸다

초로의 늙은이
세월이 훔쳐 간 젊음을
먼발치서 무심히 바라보고

경계를 보이지 않는 검푸른 바다는
젊은 해병의 눈빛으로 빛나고 있다.

잃어버린 동심

하늘에서 한잎 한잎
하얀 꽃잎이 떨어집니다

새벽 서리 내린 아스팔트 위에
하얗게 촉촉이 내립니다

아! 첫눈

그렇게 가지 말라며 붙들고
애원하던 가을은
이제 떠나고야 말았습니다

낙엽 떨군 가녀린 가지 위에
옥상 위 발길 닿지 않는 곳곳에
하얗게 흰 눈이 쌓이고 있습니다

첫눈에 가슴 설레던 마음은
이내 걱정으로 바뀝니다
미끄러지면 어쩌나?
동심을 잃었나 봅니다

구름아 너는

하얀 구름 머금고
흘러가는 구름아

너의 고향은 하늘인가?
바다인가

방향키 없이
하늘을 바다 삼아
작은 배 띄워놓고

바람에 노를 저어
세상 이야기 풀어놓네

여름의 길목에서
목 놓아 울어버린

구름에 실려 온
너는 구름
나는 비

제목 : 구름아 너는
스마트폰으로 QR 코드를 스캔하면
시노래를 감상할 수 있습니다

아내의 손길

정형외과 503호실
내가 누워 있는 병실이다
입원실이 없어 대기하다
입실했을 정도로 환자가 많다

사람은 나서 서울로 보내라 했는데
모두 병원으로 와 있나 보다
이렇게 아픈 사람들이 많은 것을 보니

혼자 눕지도
일어나기도 버겁다

갈비뼈 골절
그런 남편의 뒷수발은
아내 몫이다

겨울 여행을 잡아놓고
낙상 골절이라니
겉으로는 밉다고 말은 해도

남편이 누워 있으니 맘도 편치 않고
불편할까 살뜰히 챙기고 살피는
아내의 손길은 정이 가득하다.

익숙함이 좋다

갈비뼈가 골절되었을 때는
숨이 한숨도 안 올라와서
턱, 하고 막히더니

사나흘 병원에 의지하여
진통제 주사 근육 이완제
수액을 맞으니 숨이 트인다

넘어졌을 때 쉬어가라고
언제 병원에 누워 쉬어봤던가?

오늘이 5일째
눕고 일어나는 것이 한결 나아져
심한 통증을 잊을 만하다

주말에는 아내가 옆에 있었지만
주중에는 일하니
그래도 중간에 한 번씩 들러
얼굴을 보여준다

병실에 있는 사람들보다
내 아내를 보니 마음이 편하다

아내한테 어리광을 부리는 건가?
그냥, 늘 편한 익숙함이겠지
설령 그렇다 하더라도 익숙함이 좋다.

소나무

별이 열리는 밤
솔잎은 날카롭게 빛나고
까만 하늘에는 별빛만 초롱하다

나뭇잎은 떨어져
앙상한 가지 남겼는데
소나무는 한결같이 푸르름만 주는구나!

천년세월 하루같이
누구를 위해 푸르른가?
비 오면 우산되고 눈 오면 처마 되어
오고 가는 길손들 눈비 막아주네

산천초목 끌어안는 어머니의 마음인가?
울부짖는 바람 소리 소나무가 잡아놓네.

제목 : 소나무
시낭송 : 임숙희
스마트폰으로 QR 코드를 스캔하면
시낭송을 감상할 수 있습니다

동장군

햇빛 좋은 겨울날
보이지 않는 바람 불어와
앙상한 가지 흔들어 놓는다

한파에 시린 손
입김 호호 불어
주머니 속에 집어넣고

달려오는 동장군의
말고삐를 틀어쥐어
엉덩이 내려쳐 돌려보낸다

한 해를 보내는 아쉬움에
시선은 저만치 살짝 던져두고
먼발치서 살포시 새해를 맞이한다.

산다는 것이

세월만 가는가 했더니
나도 가고 있었네

흘러가는 시간만 탓했는데
이제 보니 나도 같이 흘러왔네

탱탱했던 얼굴 기름기 빠지고
하나둘 늘어가는 주름살에
반백이 넘어가는 하얀 머리카락
무엇을 탓하고 원망하랴?

30여 년 몸 바친 삶의 터전
때로는 나를 보호해 주지 않아도
조금은 아쉽고 서운했지만

아이들 둥지 틀고 날갯짓하는 것을 보니
살아온 세월 헛되지는 않았구나
흐르듯 사는 것이 삶이구나 생각이 든다.

덕유산

깊어진 겨울 속에
하늘이 내린 눈부신 하얀 선물

뽀송뽀송한 눈송이는
삭막한 겨울에 낭만을 안겨준다

곤돌라에 몸 싣고 내린 곳이 설천봉
천상의 낙원이 이보다 더할까?

눈보라에 감춰진 누각은 비경을 더하고
살아 죽어 천년을 사는 주목에 핀 눈꽃은
한 폭의 그림이라

향적봉 가는 천상의 꽃길 데크로 놓여
주위의 설경에 마음을 빼앗기고

운해는 신선의 도술 펼쳐져
하늘 문 열었다 닫았다 변화무쌍하다

이보다 더한 아름다움이 세상에 있으랴
상고대 눈꽃 만발한 덕유산 향적봉

고목 나무

눈 덮인 겨울 고목 나무는
죽어서도 죽지 못하고
누군가의 눈높이에 맞춰서
그림이 되어주고 있다

고목도 한때는
가슴 깊은 곳에
아름다운 심연을 파고
자태를 뽐냈으리라

자연이 자연인 것은
그 스스로가 자태를
뽐내지 않았고

자연과 더불어 사는
맑은 영혼이 투영되어
그 빛을 발하였기 때문이리라

이유

인생이 너뿐이더냐
지나온 날 덧없다 하지 마라
그분의 뜻이니라

미물도 그냥 나지 않았으니
그 쓰임새가 따로 있는데
하물며 인생이 하찮다고 하겠는가?

저마다 나고 지는 것이 정해지고
높고 낮음이 정해져 있지 않음은
그분의 뜻이니라

가는 세월 지는 인생 아쉽다 잡지 마라
탬버린 치며 한바탕 잘살지 않았느냐?

사람이 인생사 제 뜻대로 살겠는가?
그분의 큰 뜻을 이루기 위해
한세상 왔다가는 인생인 것을

우도

성산항 여객터미널
저 건너 바다 가운데
소 한 마리 누워 있네

쪽빛 바다에 고운 빛깔 풀어놓고
무엇을 찾아 건너려다
저곳에 누웠나?

큰 덩치로 바다 건너기가
쉽지 않은데
힘들고 지치면 쉬었다 가야지

잘 누웠다.
네가 누우니 나도 쉬어간다

가다 쉬다 하다 보면
다다르지 않겠는가 그곳에

너를 보내고

그때가 언제인지 알 수 없지만
당신이 떠난다는 것을 알고 있었지요

떠나면 다시는 보지 않으리 다짐했건만

후회하지 마라
못 잊을 거다 그래도 간다면 돌아보지 마라

아
정들었던 시간 그리워도
마음속에 담아 놓으리

시간은 멈추지 않고 흘러갔으니
그리워도 생각하지 말아야지
내 인생의 청춘이었다.

제목 : 너를 보내고
스마트폰으로 QR 코드를 스캔하면
시노래를 감상할 수 있습니다

당신과 함께

당신과 함께 바라보고
머물고 싶은 집이 있습니다
골목이 있는 집이 좋을 거 같아요

길은 좁고 투박하며
집은 작고 넓지 않으며
고개만 돌려도 볼 수 있는 작은집

바깥일에 땀 냄새가 배도
사람 냄새 물씬 나고 정감 있는 그런 집
당신과 함께하고 싶습니다

밥상에 고기반찬은 없어도
땀으로 가꾼 채소에 미소 가득 담고
따뜻한 냄새로 향기로운 저녁

아침 햇살에 까치 지저귀고
다정한 얼굴로 평생 마주할 수 있는
그런 시간을 함께하고 싶습니다

제목 : 당신과 함께
시낭송 : 최명자
스마트폰으로 QR 코드를 스캔하면
시낭송을 감상할 수 있습니다

가난한 명절

설 연휴가 시작되는 주말
재래시장은 대목으로 생기를 찾고
정체된 차량의 매연과 경적소리에
길을 걷는 사람은 몸살을 앓는다

저 많은 사람들이 어디서 왔을까?
거리와 시장은 인파로 북적이고
상인들은 호황을 맞는다

옛 정취 찾아볼 수가 없는 명절
설빔 한 벌에 세상을 얻고
새 신 신어보고 한 해를 보냈는데

인심은 변하여 정은 메마르고
이웃도 없는 마음이 가난한 명절
그래도 세상은 분주히 돌아간다

고향 집 앞마당에는
아들 며느리 손자 기다리는
노부모의 그림자가 아른거린다.

이른 봄

창밖으로 비껴가는 햇살이
따뜻하게 얼굴을 비비는 오후

구름 한 점 없는 맑은 하늘을
두 줄로 가르는 비행운

파란 하늘에 하얀 물감으로
봄을 그려보고 싶었을까?

눈 돌려 끝을 찾아보아도
구름은 햇살에 부서지고 얇아진다

마당 한구석에 패다만 장작더미
비스듬히 기대어 졸고 있는 도끼

아직은 찬바람에 군불 지핀 아궁이
뜨거운 열기에 놀랐나 보다

긴 터널에서 뛰쳐나온 봄
겨울이 그 발목을 부여잡는다.

여행

한낮의 경계를 무너뜨린 뿌옇던 하늘이
어느 봄날 맑게 개였다

아내와 떠나는 짧은 여행
서해안 고속도로를 달려서
보령 해안의 하늘 자전거에 몸을 싣는다

어느새
즐거운 비명소리 허공을 가르고
두 손 꼭 잡는다

검은 바다에서 불어온 서풍은
비릿한 속내음을 토해내며
말없이 걷는 그림자 뒤를 따른다

찰칵
노을에 비친 금빛 물결
등진 바다 배경으로 그림을 그리고

멀리 드리워진 낚싯줄은
수평선에 붉게 잠드는
시간을 낚아 올린다.

어머니의 흰머리

봄빛
햇살 좋은 날
산봉우리 눈도 녹고
얼음도 녹아내리던 날

흰 눈을 머리에 얹고 앉아
겨울잠에서 깨지 않은 어머니
흰 눈 내린 머리 걷어 내리려고
미용실에 보내드린다

옛날에는 세월 따라
머리에 흰 눈도 내려앉더니
요즘엔 위아래 없이
흰 눈 이고 앉았다

하얀 겨울에
기름기 빠져 손등 거칠어지고
틀니 빼면 큰 보조개 움푹 들어가
볼을 삼켜도

미용실 다녀온 어머니
파마에 흰머리 걷어 버리니
주름진 얼굴이 환하게
밝아 보인다.

참꽃

햇살에 놀란 꽃잎
두견새 밤새 울어 피 토했는지
연분홍으로 물들여 놓았네

산골 마을 옛집에서
꽃잎 따다 화전 부치고
100일 주 담아 마시던 참꽃

빗방울에 눈물 머금고
아련한 손길 그리워하던
탱글해진 꽃잎

달달한 봄 향기에
화관 머리에 두르고
누이의 입술 위에 살며시 포개진다

능수버들

늦봄이 지나는 호수길에
살포시 걸린 시 한 편

한낮 따가운 햇살에
세상이 실성을 했나보다

꽃바람 시샘하더니
글 향기 찢어 놓았네

능수버들 풀어 헤친 호수 위에
바람에 날린 시 주워 담는다.

풍경소리

뜨거운 세상 피해 산길 오르면
아득한 산자락 끝 산사(山寺)에서
딸그랑딸그랑
풍경이 바람에 날린다

처마를 휘감은 오색비단 단청
청색 적색 황색 백색 흑색
장엄함에 숨이 멎는다

풍경은 바다를 그리며
뜬눈으로 그네를 타고

목조(木造)의 산사
화(火)로 지켜낸다

하늘 바람 불어와 흔들리는 풍경
물고기는 먼바다로 헤엄쳐 간다

빼앗긴 시간

빛과 어둠이 없는 회색 공간에
장대 같은 빗물이 세상을 가둔다

섬나라의 만행을 꾸짖기라도 하듯
성난 고함을 토해낸다

잿빛으로 물드는 하늘
눈물 같은 비는 그칠 줄 모르고

나라 잃은 쓰라린 파편은 기억에 남아
아직도 가슴이 저며 오는데
분노의 함성은 망각의 강을 건너
그날의 아픔을 잊어버렸다

그 시간을 겪어보지 않았다고
남의 일이 되는 것은 아니다

빼앗긴 시간은 되돌릴 수 없지만
잊어서는 안 될 것이 있다.

나쁜 놈

밤거리 헤매는
번뜩이는 야수의 눈

이성 잃은 희미해진 눈은
어둠 속을 쏘아보고

못된 손으로 낚아채어
욕심을 채운다

사람의 얼굴을 숨긴
늑대의 모습으로 사냥을 하고

아침이면 사람의 탈을 쓰는
나쁜 놈

세상 속에 숨어 산다고
보이지 않을까?

나는 밤길에서
그들의 숨겨진 민낯을 만난다

멀리서 새벽이 손짓하면
어둠을 같이 했던 달도
부끄러워 고개를 숙인다.

둘이 걷는 길

길을 걷다 돌아보면
내 뒤에는
그림자가 따라서 옵니다

지치고 힘들 때
아무도 없는 거 같지만
혼자가 아닙니다

나와 함께
같은 길을 걸어가는
나의 분신이 있기 때문입니다.

새벽길

달그림자 잠재운
새벽길

취객의 발걸음에
세상은 비틀거리고

좁은 길 가로등은
파수꾼이 된다

창밖으로
새어 나오는 불빛

출근을 준비하는
분주한 그림자

이슬 맺힌 찬바람
문밖에서 어슬렁거리고

여명은 갈 곳 잃은 그림자를
지우고 있다.

웃음꽃

창밖에 찬 바람 부는데
방으로 들어온 햇살은
금빛 구슬로 부서진다

추위에 여행을 떠났던
아이가 온다는 소식을
수줍은 새싹이 전한다

흐드러진 가지 위에
파릇하게 올라오는
생명의 울음소리

봄이 오고
새순이 돋고
꽃망울이 터진다

꽃은
사람이 웃는 만큼
향기를 더해준다.

물오리

찬바람이 얼굴을 때리는
호수 둘레길
물오리는 먹이를 찾아
잠수한다

뛰지는 못하지만
수영도 잘하고
잠수도 잘하는
물오리

물 위에 오른 부리에는
먹이가 물려 있고
물밑 갈퀴는
바쁘게 움직인다

바람에 물결 일어나
호수가 일렁여도
물오리 조각배는
물결과 하나가 된다.

침묵의 시간

초침도 숨을 헐떡이며
한걸음 쉬어가는 시간

궁창에 침묵이 흐르고
빗줄기가 쏟아진다

구름에 달빛 가린 거리를
저벅저벅 걷는 발걸음

얼굴에 흐르는 빗물이
눈물을 삼켜버린다

빗물인가 했더니
눈물이었나 보다.

선물

쏟아지는 햇살이
손에 담을 수 없을 만큼
가득합니다

따듯한 바람이
두 계절을 품은 하늘이
나란히 익어가고 있습니다

구름 위 높아진 하늘
온 산을 물들인 수채화를
당신께 선물하겠습니다

쏟아지는 햇살이
손에 담을 수 없을 만큼
가득합니다.

첫날

가을은 익어 고개 떨구며
보내기 아쉬워 시위하듯
거리에 누웠는데

잿빛 어둠
무게를 견디지 못하고
땅 위에 내려앉는다

이슬에 젖은 아침
햇살에 흔들리며
반짝이고

깨어나지 않은 도시는
미화원의 빗질 한 번에
첫날을 맞는다.

잊혀진 기억

이렇게 비가 내리는 날에는
하늘을 바라봅니다

뚝뚝 떨어지는 빗물이
눈물처럼 흘러내려 앞을 가립니다

만남은 습관이 되어 감정은 무뎌지고
사랑은 빛이 바랬습니다

곁에 있을 때 소중함을 모르기에
가볍게 떠날 수 있겠지요

시간이 지나면 감정은 가슴에서 시들어져
잊혀진다는 것을 아는지요

당신의 숨소리도
바람으로 스쳐 지나갔을 뿐
잊혀진 기억입니다.

제목 : 잊혀진 기억
시낭송 : 박영애
스마트폰으로 QR 코드를 스캔하면
시낭송을 감상할 수 있습니다

잠복

차디찬 쇳덩어리 틈으로
찬 바람이 살을 베며 파고드는데
따뜻한 온기가 그립다

허리는 접히고
손발은 얼어 감각은 무디고
몸은 움직일 수가 없다

날은 저물어 어둠이 내리고
가로등 불빛도 멀어 별처럼 깜박인다

허기진 뱃속에 살얼음 같은 우유와
한 조각 빵이 파편으로 꽂히는 고통

직업병이 생겼다
허리를 펴지 못해 협착증
자세가 바르지 않아 측만증
맞는 병명인지 모르겠다.

새 하늘

한 해를 시작하는 화살이
시위를 떠나더니

만물이 싹을 틔우고
꽃을 내놓는 봄을 지난다

녹음이 짙고 과일이 익는 여름
잠시 땀을 식히고

알록달록 세상을 물들인
추억 속의 가을을 지나간다

그리고
겨울에 도착하여 다시 열릴
새 하늘을 향해 화살을 당긴다.

낯선 얼굴

소중한 순간이 담긴
오래된 앨범
잊혀진 기억만큼
먼지가 쌓였다

언제인지 아련하여
생각도 나지 않는 어느 날
어색한 표정으로 바라보던 하늘

새까만 얼굴로
흰 이 드러낸 너는
불만 가득한 눈으로
눈살 찡그렸지

도망치듯
먼 미래를 바라보는
밤톨 머리에
검정 고무신 신은 너

멈춰버린 시계 속에
숨어 살고 있는
나를 찾고 있구나

불볕더위

바람 한 점 없는 하늘에
새는 힘겨운 날갯짓하고

태양은 대지를 불태워
꽃을 시들게 하더니

메마른 땅에
아지랑이 아른거린다

우거진 숲은
바람이 길을 잃어
열기로 가득하고

목마른 계곡에
물소리 들리지 않는다

짝 찾아 울어대는 매미소리에
몸살을 앓다 보니

저 멀리서
가을 냄새가 물씬 난다.

갈망

모두가 잠드는 밤
이슬에 어깨가 젖는다

갑작스럽게 찾아온 한파는
걱정을 앞서게 한다

하루 만에 난방을 틀어야 하는
계절의 변화에 몸을 움츠린다

반소매에서 긴 소매로
두꺼운 외투까지

자연은 스스로 옷을 벗기더니
입혀주기도 한다

한낮의 더위에
겨울을 갈망했던 적이 있다

어제의 내일에 머무는 오늘
다시 한낮의 더위를 갈망한다.

새치기

잿빛 하늘이다
눈이 오려나 비가 오려나
미세먼지로 목이 아프니
코로나가 걱정이네

앞으로나란히 나란히
1미터 간격을 두면서
앞으로나란히 나란히
여기서도 줄을 서네

대기 줄이 수백 미터
한 사람 세워놓고
세 명이 끼어드네
여기서도 새치기

눈이 오려나 비가 오려나
미세먼지로 목이 아픈데
하얀 눈 펄펄 내려
깨끗이 덮어 주었으면

퇴근길 벗

어둠이 길을 지워
불빛도 없는 길
집으로 간다

담장을 넘어온 달빛에
비틀거리는 그림자
술 한잔 마셨나 보다

바람이 지난 곳에도
상처가 남으니
남의 말 함부로 하지 말자

술 한 잔에 시름을 잊을 수 없지만
잠시 내려놓을 수 있는 벗이다.

둥지를 떠난 새

굽은 등 펴지 못하고
침상에 누운 어머니
그 모양이 새우등 같아
편안히 잠든 모습 보고 싶다

정신이 들었다 나갔다 하면서도
자식들 가여워 불쌍히 바라보는 눈
온갖 상념에 젖어있고

기억의 저편에서
생채기 안고 살아온 시간
자식은 둥지를 떠났고
몸은 늙어 병이 들었다

어머니는 병상에 누워
힘없이 손짓하는데
자주 찾지 못하는 자식은
마음 더욱 애달프다.

단풍

파란 하늘 아래 초록이 빛을 잃고
생을 마감하는 불꽃처럼
핏빛 향연을 펼친다

빨강 치마에 오색 저고리 입고
구름과 더불어 춤을 추고 있다

재잘거리며 뛰어노는 아이의 웃음이
호숫가를 맴돌아 알록달록한
단풍에 스며든다.

한 잔의 술

어둠이 깔리는 거리에
한 움큼 뒹구는 낙엽
한낮 햇살에 반짝이다가
퇴근길 무거운 발걸음에 차인다

지치고 허기진 시간 배꼽시계가 울린다
밥을 달라는 것일까?
목구멍을 짜릿하게 적시는 술을 원하는 것일까?

해는 떨어져 날씨는 춥고
옷깃 스며드는 바람에 마음은 집으로 향하는데
발걸음은 방향을 잃어 술 한잔 찾아간다.

흔들리는 세상

흔들흔들 흔들리는 세상
너도 돌고 나도 돌아 어지러워
눈에 맞지 않는 안경을 쓴 듯
중심을 잃고 흔들거린다

흔들흔들 흔들리는 세상
여기저기에서 흘러나오는
수많은 괴담을 듣고 있으니
머리가 빙빙 돈다

나사가 빠지고 이가 빠졌나?
아픈 곳을 알아야 고쳐 쓰는데
사람은 고쳐 쓰지 못한다기에
검은 머리 짐승 소리 듣는다

시간은 바람처럼 지나가고
홀로 남겨진 까치밥 신세
하늘은 천둥소리로 세상을 꾸짖고
시퍼런 번개로 세 치 혀를 자른다.

제목 : 흔들리는 세상
시낭송 : 조한직
스마트폰으로 QR 코드를 스캔하면
시낭송을 감상할 수 있습니다

그림자 추적

하얗게 눈이라도 내렸으면
따라가기도 쉬웠을 텐데
굳은 땅에 흔적 없이 사라진 놈
남의 집 창문을 넘었다

조각난 일말의 흔적을 주워 모아
밤새 주위의 CCTV를 찾아 헤매고
감기는 눈 부릅뜨고 모니터를 뒤진다

볼펜 하나 수첩 한 권 들고
어둠 속으로 사라진 그림자 찾아 뛰어다닌다

그림자도 현장의 흔적이고 분신이기에
그림자를 추적한다.

요양원 가던 날

가기 싫어 가기 싫어
집에 있고 싶어

한여름의 태양은
시린 가슴을 녹이듯 뜨거운데

우리 엄니 휠체어에 태우고
집을 나섰다

눈에는 눈물이 그렁그렁
차마 그 눈을 볼 수가 없어
휠체어만 밀고 갔다.

하루의 무게

눈처럼 내려 앉은 하얀 이슬이
검은 아스팔트를 살짝 덮었다

여명에 살얼음 길 미끄러워
살금살금 고양이 걸음

동지가 지난 지 한참인데
여전히 밤은 길어 아침을 열지 못하고

어제와 같은 오늘은 다시 시작되어
새벽길을 재촉한다

두툼한 외투에 가방을 걸친 어깨
오늘은 어떤 하루가 펼쳐질지
한가득 기대가 걸려 있다.

찻잔의 떨림

1월의 따뜻한 겨울날
찻집의 창가는 햇살이 가득하다

매끄러운 녹색 찻잔에 담긴 대추차
죽을 쑤어 놓은 듯 걸쭉하다

찻집의 웅성거림에
마치 벌집에 들어온 듯하다

저마다 한마디씩 하는 말
서로 알아듣는지 알 수 없어도

말씨름하듯이 말이 끝나기도 전에
동시다발적으로 여기저기서 쏟아진다

귓속이 왱왱거리고
한순간 혼란스럽다

찻잔도 견디지 못하는지 출렁이고
나도 따라 울렁거린다.

눈 내리는 풍경

밤새 내린 눈이
담장 위에 소복이 쌓입니다

지난밤 대설 주의보에
지하 주차장은 만차되고
눈을 피하지 못한 거리는
온통 솜이불을 덮었습니다

출근길
바퀴는 미끄러져 썰매를 타고
아슬아슬 곡예 운전을 합니다

길을 걷는 사람들
비가 오면 우산을 쓰지만
눈은 그냥 맞고 가네요
눈은 맞아도 기분 좋은가 봅니다

눈이 오면 조금 불편하고
넘어질까 겁도 나지만
즐거워하는 아이들의 마음을 생각합니다.

제목 : 눈 내리는 풍경
시낭송 : 박영애
스마트폰으로 QR 코드를 스캔하면
시낭송을 감상할 수 있습니다

황금빛 해변

황금빛 노을이 수평선을 물들일 때
물감 풀은 바다에는 세일링 보트가
수없이 펼쳐진다

태양은 바다를 붉게 물들이고
해변의 연인들은 바다로 뛰어든다

그리고
세일링에 몸을 싣는다
바람이 돛을 밀어 바다로 보낸다

세일링
태양이 수평선에 걸려
바다와 하늘을 하나로 잇고

즐거워하는 웃음소리
바닷물에 흠뻑 젖는다

닻줄을 당기는 선장의
구릿빛 얼굴에 땀방울이 맺힌다.

연리지 부부

그리 잘 나지도 않은 체구에
작은 키
언제 어디서 보아도 익숙한
모습은 바로 당신입니다

서로 다른 환경에서 자랐지만
보이지 않는 힘에 이끌렸고
나의 젊은 시절을 기억하며
함께한 유일한 사람

긴 시간만큼 크고 작은
시련들이 있었지만
무거운 짐 내려놓고
인생 2막을 준비하며

나를 가장 잘 아는 당신과
둘이 하나 되어
같은 시간 속을 살아가는
당신이 있어 든든합니다.

제목 : 연리지 부부
시낭송 : 박영애
스마트폰으로 QR 코드를 스캔하면
시낭송을 감상할 수 있습니다

요양원 면회

바람이 콧등을 시리게 하던 날
요양원으로 어머니 면회를 간다

차가 막힐 염려도 없고
거리도 가까운데
그 길이 천 리 길이 될 줄이야

앙상한 몸 휠체어에 의지하고
자주 오지 않는다며 서운해한다

코로나로 면회가 금지되었다고
애써 변명을 해 보지만

움푹 들어가 글썽이는 눈은
집으로 가고 싶다고 말하고 있다.

제목 : 요양원 면회
시낭송 : 박영애
스마트폰으로 QR 코드를 스캔하면
시낭송을 감상할 수 있습니다

봄 길을 걸으며

곧 봄이 온다는 속삭임에
햇살을 등지고 길을 걷는다

하늘은 맑아 높고
바람은 숨소리 죽이며 숨는다

말없이 걷는 걸음에
사연이 담겨 있다

재활을 위해 걷고
산책을 위해 걷고
건강을 위해 걷는다

아프지 말자
아프면 나만 손해다
아프면 나만 서럽다

위로는 받을 수 있지만
아픔을 대신할 수는 없다
그러니 아프지 말자

제천에 가면

제천에 가면 곰 같은 친구가 있다
이웃으로 살다가 친구가 되었고
고향으로 돌아간 친구

그런 친구가 아내를 먼저 보내고
긴 세월 홀로 살다 재혼했다
천생연분
어찌 그렇게 닮은 사람을 만났는지

말은 투박하고 거칠어도
아이처럼 금방 미안해 잘못했어! 한다

몇 년 전 수해로 생사를 같이했고
산사태의 흙구덩이를 헤치고 나와
불편한 몸이지만 시골살이를 하고 있다

술을 좋아하는 친구는
친구가 가면 반가움에 술잔을 기울이고
술 한 잔에 읊조리는 "잘 먹고 잘살자" 건배를 한다

벽걸이 액자에는 가훈처럼
"잘 먹고 잘살자"가 걸려 있다.

제목 : 제천에 가면
시낭송 : 박영애
스마트폰으로 QR 코드를 스캔하면
시낭송을 감상할 수 있습니다

내일을 향해

가식으로 속박된 지난겨울의
긴 굴레에서 빠져나와
움츠렸던 기지개를 켜 본다

고달픈 현실에 적당히 타협하고
달콤한 사탕 입에 물리면
성장은 멈추고 부패해진다

오늘과 내일을 받아들이고
삶을 지탱하는 것은 오로지 나의 몫

아픔의 소리가 들려올 때마다
한 번의 선택을 위해 긴 밤 숨죽여 울었다

시간은 길지 않으니 첫 번째 시작은
진정한 정의를 찾는 데부터 시작해 보자

머지않은 날
그리도 꿈꾸던 모습이 펼쳐져 있을 것이다.

어머니의 밥

겨울을 보내는 따뜻한 봄비가 내리고
땅 밑의 온기가 안개처럼 대지를 살짝 덮는 날
어머니는 부엌에서 솥밥을 지었다

솥뚜껑을 열면 뽀얀 밥 연기가
피어오르고
주걱으로 밥을 저으면 달콤한
쌀밥 냄새가 콧속으로 들어왔다

언제나 그랬듯
마당에서 뛰어놀던 아이는
밥 먹자는 부름에 이끌려
고봉밥 한 그릇을 비웠다

어머니의 밥 짓는 냄새가 그리워진다.

제목 : 어머니의 밥
시낭송 : 박영애
스마트폰으로 QR 코드를 스캔하면
시낭송을 감상할 수 있습니다

향기

나는 당신의 향기가 되고 싶습니다
마음에서 묻어나는 은은한 향기

화장품 냄새가 아닌 당신의 향기가 되고 싶습니다
늘 그런 날이면 좋겠습니다

나는 당신의 향기가 되고 싶습니다
손끝에서 묻어나는 화장품 냄새가 아닌
마음의 향기가 되고 싶습니다
늘 그런 날이면 좋겠습니다.

오월의 약속

개나리 벚꽃이 소리 없이 피었다
화려한 봄날의 소임을 다하고
자리를 내어준다

5월의 바람이 숲에서 불어오면
향기로운 속삭임에 마음이 어지럽다

치렁치렁한 아카시아꽃
바람에 그네를 타면
순백의 소녀가 웃음을 짓는다

꿀벌의 날갯짓에 그늘에 모여 앉아
아카시아 잎 하나씩 떼어내며
손가락 걸던 그때가 그리워진다.

제목 : 오월의 약속
시낭송 : 박영애
스마트폰으로 QR 코드를 스캔하면
시낭송을 감상할 수 있습니다

하루

온전한 하루는
그냥 오지 않는다
수많은 감정의 대립과

이해관계를 극복하고
치열하게 싸우고 이겨내야

비로소 하루를 온전히
잘 살아내는 것이다.

꿈 깨세요

미쳤나 봐요
정신이 있나요?
이게 꿈인가요?
잠도 들기 전에 세상을 바꾸려고 하다니
혹여나 자고 일어났으면 꿈이런가 하지만
당신은 알고 있었나요?
세상에 나는 꿈도 못 꿨어요

나는 하고 싶은 일이 많아요
그러니 내 자유를 제한하지 말아요
누구도 나를 묶을 수는 없어요
내 꿈에서 나가주세요

우리는 취하지 않았고 멀쩡해요
나는 하고 싶은 일이 많고 꿈도 커요
당신의 생각은 늙었어요
우리의 아들딸 후손을 위해
그만 내 꿈에서 나가 주세요

얼음 땡

낮달 띄운 하늘은 무정하게 푸르고
뭉실한 그름은 은하수처럼 흐른다

폭풍같이 밀려드는 더위에
숨을 곳이 없다

지면의 아지랑이 불꽃 되어 오르고
숨 막히는 더위에 몸살을 앓는다

온난화에 대책 없이 아우성쳐 보지만

제발!

얼음 땡

세상이 시끄러워

가만히 있어도 조용하지 않다
온 세상이 시끄럽다

여기저기서 짖어댄다
각자 색깔이 있으니 할 말이 많다
누구를 위해서?

결국 뜻을 굽히지 않고
코로나처럼 전염시킨다

고요함이 사라졌다
산사는 고요할까?
염불 소리
풍경소리
온갖 새소리

귀는 고요하지 않아도
들려오는 잡소리 없어서
정신적 고요는 찾을 수 있겠다

시간이 필요하다
오늘을 잘 넘기면
내일은 다른 세상이 올 것이다.

고독한 사랑

그림자는
늘 나와 같이한다

그는
고독한 사랑을 한다

내가 알아주지 않아도
잠시도 곁을 떠나지 않는다

그는 말한다
힘을 갖기 위해 간사한 사람이 되지 말라고

그는 사랑을 드러내지 않는다
사랑할 때 선을 넘을 수 있기에

그는 말한다
은둔자로 살아가라고 한다.

흩어진 영혼

허공을 향해 소리치고
손에는 광기를 움켜쥐고
길거리에 서 있는 풍선처럼
흐느적거린다

시선은 빛을 잃었고
특정한 대상도 없이
눈에는 보이는 게 없다

누구를 위한 광기인가?
자체 발광 분노
시대가 만들어낸 질병

가슴에 손을 갖다 대면
마음이 다치고
아픈 사람이 많다

치유의 손길이 필요한데
피해의식에 손을 내밀지 않는다
우리의 영혼은 어디로 갔을까?

각자도생

끈적한 냄새로 가득한 밤거리
찬란한 불빛은 짐승의 눈빛

음악에 숨어 으르렁거려도
아무도 알아채지 못한다

잠시 한눈을 감으면
나락으로 떨어진다

낚이지 말고 살아남아라

각자도생

누구도 보호받을 수 없는 세상이다.

마당놀이

오늘은 그늘진 곳을 피해
햇살을 밟고 가야겠다
진 땅 밟고 왔으니
마른 땅도 밟고 가야지

세월 지난 흔적은 없어도
시간은 소리 없이 흐르고
야속하다 눈 흘려보지만
속절없이 그저 바라볼 수밖에

한쪽 어깨 빌려주는 어설픈 사랑도 할 줄 모르고
이길 줄만 알고 미안해할 줄 모르는
잘난 사람들만 사는 세상

이제까지 살아 보고도 모른다면
세상 허투루 산 거야
그러니까 더 이상 뻔뻔해지지 않으려면
세상을 향해 머리 흔들지 말고 고개도 숙여봐

인생 별거 없어
잘난 사람 못난 사람 어울려 사는 것이
세상 한 마당이야.

여백의 눈물

지난밤 폭설에 눈송이는 가지 위에
내려앉아 여백을 그렸다

빛바랜 단풍은 낙엽 되지 않고
온몸으로 빛을 발산하여 신비로움을 더해준다

잠시 찬란한 날을 보낸 눈꽃 송이는
그새 버림을 받아 길섶으로 치워지고
지저분한 쓰레기가 되어 하염없이 눈물 흘린다

하지만
잠시 세상을 멈추게 했던 여백은 아름다웠다.

급행열차

친구여 잘 가고 있는가?
어느 하늘 별들의 고향 은하계를 지나는지
완행열차도 있는데 급행을 타다니

친구를 보낸 시간은 짧았고
슬퍼하는 사람은 너의 딸들뿐
친구가 떠난 것은 남의 일이었다

친구를 보내고 가는 길은 참으로 멀더구나
고속도로는 왜 이리 밀리는지

아무도 피해 갈 수 없는 길
그 길은 밀리지도 않았나 보다.

다시 미래로

일찍이 보이지 않는 끈으로 연결되어 있었다는 것을
아무도 알지 못했습니다
멀리 있어도 자석처럼 서로 끌어당겨
무리를 이루고 있어도 나는 알지 못했습니다

그들은 소리 없이 은밀하게 움직였고
그날을 기다리고 있었는데 나는 알지 못했습니다

천지개벽의 순간은 예고 없이 어느 날 갑자기 온다는 것을
나는 알지 못했습니다
그렇게 세상은 순식간에 빛을 잃었고
자유와 권리를 침해받았습니다

비밀이 없다는 것을 모르나요?
세 치 혀로 모두를 속일 수는 없습니다
우리는 누군가의 가르침이 아닌 스스로 자각해야 합니다

술잔에 담긴 한 모금의 술이 그렇게 달콤하던가요
밤이 지나면 온몸에 독이 퍼져 핏줄이 터지고
온기는 찬 이슬로 사라질 것입니다

우리의 선택은 한 번으로 끝나지 않고
또 다른 선택을 할 수 있습니다.

그날

세상에는 모두 때가 있고
그때가 지나고 나면 찰나인 것을
백 년도 못사는데 오래 살았다 하네

어머니는 흙으로 가지 못하고
한 줌 가루 되어 고향으로 가던 날
화장은 뜨거워 싫다던 말 들어주지 못하고
화장로에게 밀어 넣었네

한 세상 끝없는 사랑을 주셨지만
자식은 제 앞가림에 겨워 한치 곁을 내주지 않았네

어머니 가시던 날
이별에 눈물 마르고 먼 산 바라볼 때
벚꽃 한 잎 한 잎 떨어져 날아올랐네.

시간에 갇히다

당신은 알고 있지요
우리의 여행이 길지 않다는 것을
우리가 다른 길을 걸어갔으나
가는 목적지는 같았다는 것을

세상은 넓고 깊이를 알 수 없어
내 작은 눈을 담을 수 없지만
무슨 이야기를 하고 있는지 알고 싶어요

떠도는 사연 안고
바람처럼 흩어지는 수많은 시간들
시련과 고통만큼 기쁨도 있지만
언젠가 떠나기에 누릴 수 없어요

당신이 나를 기다려 주지 않듯
시간도 나를 기다려 주지 않으니까요

그림 같은 봄

화폭에 담긴 그림 같은 봄
계절이 하나씩 짧아져 가지만
자연은 순리를 벗어나지 않는다

바람에 햇볕 따뜻하니
가녀린 산수유 가지에
노란 꽃잎이 피어난다

간간이 찬바람 시샘하여
옷깃을 여미게도 하지만
흔들리지 말자

비는 누구에게나 내리고
햇볕은 그늘진 곳을 따뜻하게
비춰주니 너무나 공평하다

내 마음은 이미 봄이다.

이제는 없다

바람 돌 여자가 많다는 삼다도에
바람과 돌은 여전한데
인정 많고 마음씨 고운 아가씨는
모두 서울로 갔네

내 젊음 아는 당신

이환규 시집

2025년 8월 20일 초판 1쇄
2025년 8월 22일 발행
지 은 이 : 이환규
펴 낸 이 : 김락호
디자인 편집 : 이은희
기 획 : 시사랑음악사랑
연 락 처 : 1899-1341
홈페이지 주소 : www.poemmusic.net
E-Mail : poemarts@hanmail.net

정가 : 15,000원
ISBN : 979-11-6284-606-3

저작권자와 맺은 특약에 따라 검인은 생략합니다.
잘못된 책은 교환해 드립니다.